„Gott ist gegenwärtig"

Ein Lied von Gerhard Tersteegen

VON GERHARD KAISER

Impressum

„Gott ist gegenwärtig"
Ein Liedvon Gerhard Tersteegen
© 2021, Von Gerhard Kaiser

Herausgeber: Hans-Jürgen Sträter
Ausgabe vom 1. Oktober 2021
ISBN: 978-3-754357-70-5
Herstellung und Verlag: BoD – Books on Demand, Norderstedt

Coverbild: „Sonnenaufgang im Winter hinter Schilfhalmen"
Autor: Der Maxdorfer aus Wikimedia Commons,

Wir danken Familie Kaiser, Herrn Professor Albert Raffelt
und Frau Diana Zschauer von der Redaktion Zeitzeichen
für ihre freundliche Unterstützung.

Inhalt

Seite

„Gott ist gegenwärtig"

Ein Lied von Gerhard Tersteegen

„ ...wie es war im Anfang, jetzt und immerdar, und von Ewigkeit zu Ewigkeit" – die Schlussformel des Gloria Patri spricht das Wesen der liturgischen Feier Gottes aus. Die Ewigkeit Gottes gießt sich in die Schöpfung aus, damit in die Zeit, in Heilsgeschichte. Und die Liturgie spiegelt aus der Schöpfung, damit aus der Zeit, aus der Heilsgeschichte die Ewigkeit Gottes zurück. Sie tut es, indem sie ihn so lobt, wie sie es von Anfang her getan hat, jetzt tut und in aller Zukunft tun wird, bis die Zeit in Ewigkeit wiedereingeht. Deshalb verbietet die Liturgie aktualistische Verbesserungen. Sie reicht über uns hinaus, geht durch die Zeiten und Räume, versammelt die lebende und die tote Gemeinde, die 24 Ältesten und uns, die Christen aller Konfessionen und Kulturen, die Engel und die Menschen im Gotteslob.

Jesaja 6 und die Apokalypse geben Darstellungen dieses universalen Gotteslobs, eine alttestamentliche und eine neutestamentliche.

In Jesaja 6 legt der Prophet Rechenschaft ab über seine Berufung. Eine historische Zeitbestimmung verankert die zeitentrückte Vision, die ihm zuteil geworden ist, in der Geschichte und beglaubigt sie damit.

Auf hohem Stuhl sitzt der Herr, eine so übermächtige Erscheinung, dass der Blick nur den Saum des Kleides fasst, der schon für sich allein den Tempel füllt. Die Raumordnung ist damit expressiv gesprengt. Seraphim mit sechs Flügeln stehen über dem Thron und rufen einander mit so gewaltiger Stimme das Gotteslob zu, dass ihr Ruf *„Heilig, heilig, heilig ist der Herr Zebaoth; alle Lande sind seiner Ehre voll"* wie ein Erdbeben die Tempelschwelle erschüttert. Der Beiname Zebaoth beruft den Allmächtigen als den Herrn der himmlischen Heerscharen. Rauch verbirgt noch in der Offenbarung diesen Gott, dessen Anblick kein Mensch aushalten würde. Jesaja spricht angesichts der Erscheinung: *„Weh mir, ich vergehe! Denn ich bin unreiner Lippen",* aber einer der Seraphim reinigt seinen Mund zum Zeichen der Sündenvergebung, so dass der berufene Prophet nun sagen kann: *„Hier bin ich."*

Das 4. Kapitel der Apokalypse übersteigt noch einmal dieses Bild. Der Stuhl der Herrschaft steht nun im Himmel, die 24 Ältesten der Stämme Juda sitzen um den Thron, vor dem sich das gläserne Meer erstreckt, über dem sich der Regenbogen des Friedens wölbt, von dem aber auch Blitz und Donner und Stimmen ausgehen.

An Stelle der Seraphim umstehen die vier Evangelistensymbole den Thron und stimmen das Dreimalheilig an, erweitert um die Aussage der in die Zeit ergossenen Ewigkeit Gottes. Schon im 1. Kapitel der Offenbarung verkündet Gott: *„Ich bin das A und O, der Erste und der Letzte."* Jetzt preisen die Evangelisten den Allmächtigen, *„der da war und der da ist und der da kommt."*

Über den jüdischen Gottesdienst ist das Sanctus als Anbetungsruf zum Bestandteil der Messe geworden. Dabei ist es von den Seraphim an die Kirche übergegangen. Luther hat für seine *Deutsche Messe* von 1526 das Lied *„Jesaja dem Propheten das geschah, / dass er im Geist den Herren sitzen sah"* gedichtet und komponiert, das den Huldigungsruf der Messe in die Vision des thronenden, von den Engeln angebeteten Herrn wiedereinbettet. Leicht sind im alttestamentlichen Berufungsbericht selber die liturgischen Stationen: Gotteslob, Sündenbekenntnis, Lossprechung – wiederzuerkennen.

Luthers Lied setzt andere Akzente als die Erzählung. Die Erzählung spricht beglaubigend von der Berufung, Reinigung und Aussendung des Propheten. Luthers Lied stellt die liturgische Feier am Thron des Herrn in den Mittelpunkt.

Zwar lässt er wie im biblischen Bericht die Engel schreien, aber als Komponist und reimender Dichter verwandelt er das Geschrei in Gesang, die expressive Gewalt in mächtiges liturgisches Schreiten einer Melodie. Er kann dabei zurückgreifen auf das Moment liturgischer Ordnung und Wiederholung, das als Dreifachheit des Engelrufs im Prophetenbericht steckt. Das liturgische Gotteslob ist zugleich damit bei Luther auch Stiftungsurkunde und Lob der Liturgie.

Die tiefstgreifende Änderung Luthers, der mit seinem Lied dem Jesaja-Text in eigener Übersetzung im ganzen recht nahe bleibt, ist die Ersetzung des Tempels als Ort der Gottesoffenbarung und Anbetung durch den Chor: *„Sein Saum füllet den Tempel"* wird im Lied: *„seines Kleides Saum den Chor füllet ganz."* Man kann darin die noch in der Frühneuzeit übliche Verlegung der biblischen Erzählungen in die vertraute heimische Umgebung sehen, aber das scheint mir als Charakterisierung des Eingriffs nicht zu genügen.

Indem Luther den Thron Gottes aus dem jüdischen Tempel in den Chor der christlichen Kirche verlegt, wo sich das Allerheiligste befindet, deutet er das alttestamentliche Gottesbild des Jesaja christologisch um:

Das Kreuz überm Altar ist als Galgen zugleich Thron Christi, des am Kreuz erhöhten, erniedrigten und verherrlichten Gottessohns. Luthers Lied vollzieht mit diesem einen Wort ausdrücklich die Übertragung des alttestamentlichen Gloria Dei in den christlich-reformatorischen Gottesdienst.

Die Spuren der Jesaja-Szene gehen weit über das sechste Kapitel der Apokalypse hinaus, sogar in die außerchristliche Dichtung. So feiert etwa Goethes freirhythmische Hymne:

„Grenzen der Menschheit" von 1789 Gott folgendermaßen: *„Wenn der uralte / Heilige Vater / Mit gelassener Hand / Aus rollenden Wolken / Segnende Blitze / Über die Erde sät, / Küss' ich den letzten / Saum seines Kleides, / Kindliche Schauer / Treu in der Brust."* Wir erkennen Blitz und Donner und den Mantelsaum wieder.

Auch im protestantischen Kirchenlied nach der Reformation sind die Bezüge auf Jesaja 6 mannigfaltig, die jedesmal die Vorstellung aneignen und zugleich verwandeln.

Ich möchte hier das viel gesungene Kirchenlied *„Gott ist gegenwärtig"* des berühmten reformierten Pietisten und Mystikers Gerhard Tersteegen von 1729 herausgreifen, weil es ein eindringliches Beispiel dafür ist, wie enge Bezugnahme und tiefe dichterische Verwandlung ineinandergreifen können.

Das Lied trägt bei Tersteegen den Titel: *„Erinnerung der herrlichen und lieblichen Gegenwart Gottes".*

Der Originaltext, der durch die Kirchenliedbearbeitung in den Gesangbüchern zum Teil gestört ist, lautet:

1

Gott ist gegenwärtig; lasset uns anbeten,
Und in Ehrfurcht vor ihn treten!
Gott ist in der Mitte; alles in uns schweige
Und sich innigst vor ihm beuge!
Wer ihn kennt, Wer ihn nennt,
Schlagt die Augen nieder.
Kommt, ergebt euch wieder!

2

Gott ist gegenwärtig, dem die Cherubinen
Tag und Nacht gebücket dienen;
„Heilig, heilig!" singen alle Engelchören,
Wenn sie dieses Wesen ehren.
Herr, vernimm Unsre Stimm',
Da auch wir Geringen
Unser Opfer bringen!

3

Wir entsagen willig allen Eitelkeiten,
Aller Erdenlust und Freuden;
Da liegt unser Wille, Seele, Leib und Leben
Dir zum Eigentum ergeben.
Du allein Sollst es sein,
Unser Gott und Herre, Dir gebührt die Ehre.

4

Majestätisch Wesen, möcht' ich recht dich
preisen und im Geist dir Dienst erweisen!
Möcht' ich wie die Engel immer vor dir stehen
Und dich gegenwärtig sehen!
Lass mich dir Für und für
Trachten zu gefallen, Liebster Gott, in allen!

5

Luft, die* alles füllet, drin wir immer**
schweben,
Aller Dinge Grund und Leben.
Meer ohn' Grund und Ende, Wunder aller
Wunder,
Ich senk mich in dich hinunter.
Ich in dir, Du in mir,
Lass mich*** ganz verschwinden,

Dich nur sehn und finden!

6

Du durchdringest alles; lass dein schönstes
Lichte, Herr, berühren mein Gesichte!
Wie die zarten Blumen willig sich entfalten
Und der Sonne stille halten,
Lass mich so Still und froh
Deine Strahlen fassen und dich wirken lassen!

7

Mache mich einfältig, innig, abgeschieden,
Sanfte und im stillen Frieden,
Mach mich reines Herzens, dass ich deine
Klarheit schauen mag in Geist und Wahrheit.
Lass mein Herz Überwärts
Wie ein Adler schweben und in dir nur leben!

8

Herr, komm in mir wohnen, lass mein' Geist
auf Erden Dir ein Heiligtum noch werden;
Komm, du nahes Wesen, dich in mir verkläre,
Dass ich dich stets lieb' und ehre!
Wo ich geh', sitz und steh',
Lass mich dich erblicken und vor dir mich
bücken!

* Jer. 21,34   ** Apg. 17,28   *** Gal. 2,20

Beim ersten Zusehen möchte man kaum glauben, dass hier die Urszene der Liturgie im Hintergrund steht, aber schon die zweite Strophe macht es gewiss. Gegenüber Luthers Jesaja-Lied ist freilich die Einmaligkeit des aufwühlenden visionären Ereignisses entschieden weiter zurückgenommen, die Dramatik ist in Stille übersetzt. Schon die Überschrift macht den Wandel der Grundstimmung klar: „*Erinnerung* [hier zu verstehen als innere Vergegenwärtigung] *der herrlichen und lieblichen Gegenwart Gottes*" (Sperrung von mir). Der Herr der himmlischen Heerscharen bei Jesaja ist nicht lieblich, sondern erschütternd und dröhnend. Dagegen findet sich im Text Tersteegens dreimal das Wort „*still*", einmal „*schweigen*", einmal „*Frieden*", zweimal „*innig*" bzw. die Steigerungsform „*innigst*", zweimal „*ergeben*" im Sinn von „*sich hingeben*", einmal „*abgeschieden*" mit der Bedeutung von: „*der Unruhe des Lebens abgewandt.*"

Diese Stimmungswandlung gegenüber Jesaja und Luther deutet zum ersten auf Tersteegens Pietismus.

Die sehr verschiedenen Richtungen dieser religiösen Erneuerungsbewegung an der Wende des 17. zum 18. Jahrhundert, die sich ebenso bei den Lutheranern wie den Reformierten findet, haben ihre Gemeinsamkeit darin, dass sie auf eine persönliche emotionale Gotteserfahrung drängen, die in der Innerlichkeit des Herzens stattfindet. Deshalb nannte man sie auch, obwohl aus dieser Innerlichkeit starke soziale Aktivitäten hervorgehen können, halb spöttisch *„die Stillen im Lande"*. Bei Tersteegen ist diese Haltung in Richtung eines sogenannten Quietismus, wie er konfessionsübergreifend aus Frankreich herüberdrang, gesteigert.

Die Stimmungsumwandlung hat aber auch – und das liegt dem heutigen Christen wohl näher – mit der Bestimmung des Liedes zum Gottesdienst zu tun, deren Auswirkung sich ja schon bei Luthers Jesaja-Lied zeigte. Tersteegen zieht letzte Konsequenzen aus der bei Luther vollzogenen Neuformierung des alttestamentlichen Texts. Das Exzeptionelle ist im Liedtext Schritt für Schritt in die Wiederholungsform der Andacht transformiert, wobei aber die großartige

Leistung Tersteegens, der Appell dieses Liedes über die Zeiten hinweg auch an uns, darin besteht, dass er das Wunder der Gegenwärtigkeit Gottes nicht etwa zum Gewöhnlichen und Üblichen, sondern das Gewohnte zum Wunderbaren macht. Die gegenwärtige versammelte Gemeinde ist angesprochen – *„wir Geringen"* mit unserer schwachen Stimme und Kraft – und zur gottesdienstlichen Feier – als Beugung, Hingebung, Ehrerbietung – aufgerufen; aber in all unserer Geringfügigkeit und bürgerlichen Durchschnittlichkeit sind wir in überwältigender Gemeinschaft mit den gewaltigen Cherubinen der Jesaja-Vision, die wiederum uns dadurch angenähert sind, dass sie gebückt in Demutshaltung stehen. Die Chöre aller Engel singen, und mit ihnen vereinigen sich die Stimmen der Gemeinde, des irdischen Chors. An die Stelle der prophetischen Vision unter Furcht und Zittern ist die gottesdienstliche Einheit der himmlischen und irdischen Gemeinde getreten.

Bei diesem Neuformungsprozess hat dem niederrheinischen Tersteegen das Loblied *„Wunderbarer König"* von Joachim Neander,

der Leitgestalt des reformierten Kirchengesangs, vor Augen gestanden, der als Schulrektor und Frühprediger in Düsseldorf tätig war. Tersteegen dichtete sein Lied auf die Melodie des etwa fünfzig Jahre älteren Gesanges von Neander, so dass man „*Gott ist gegenwärtig*" als eine Paraphrase auf „*Wunderbarer König*" verstehen kann.

Wie Tersteegen war Neander, der frühzeitig mit Philipp Jacob Spener bekannt geworden war, Pietist, allerdings studierter Theologe.

Tersteegen dagegen war ein hoch gebildeter Laie, als solcher Seelsorger, Erbauungsschriftsteller und Erweckungsprediger, Betreuer von Kranken und Bedürfigen, ein hervorragender Zeuge für die Bedeutung von Laientheologen im radikalen Pietismus. Schon Neander hatte als Pietist Schwierigkeiten mit der Amtskirche. Tersteegen bewegte sich in Konventikeln und Separatistenkreisen, war allerdings frei von aller theologischen Streitbarkeit, ein gelassener Argumentierer und Mystiker. Sein Leben war geprägt durch eine mönchisch-asketische Haltung, die ihn zur Trennung vom ererbten Kaufmannsberuf mit seiner Umtriebigkeit und seinen materiellen Interessen geführt hatte. Er wandte sich dem Handwerk der Weberei von Seidenbändern zu, das er in Stille und Konzentration ausüben konnte – man denkt an Spinozas Berufstätigkeit als Brillenschleifer.

Auch Neanders Loblied „*Wunderbarer König*" hält die Erinnerung an die Jesaja-Szene fest: „*wirf dich in den Staub darnieder. / Er ist Gott / Zebaoth, / er nur ist zu loben / hier und ewig droben.*" Der Gott seines Lieds ist König, Herrscher und Schöpfer im Weltenraum von Sonne, Mond und Sternen. Schon bei ihm wandelt sich das „*Wir*" des Gemeindeliedes – „*Herrscher von uns allen*" – in das „*Ich*" der anbetenden Seele. Aber das Lied behält den Charakter der Gemeindeöffentlichkeit.

Tersteegen dagegen löst die anfangs exponierte Gottesdienstsituation, wie wir sie nachgezeichnet haben, von der fünften Strophe an auf in eine völlig nach Innen zurückgenommene, monologische Betrachtung.

Er radikalisiert die Wendung aus der Objektivität des liturgischen Zeremoniells in die Subjektivität der Selbstaussprache. Er geht aus der öffentlichen Anbetung in die innerliche Anschauung über, aus der Gegenwart in die innere Vergegenwärtigung, aus der Kirche als Wohnung Gottes in die seelische Einwohnung als stetig durchgehaltenen Lebensbezug. So sind die Schritte: *„Möcht' ich wie die Engel immer vor dir stehen / Und dich gegenwärtig sehen!"* Das ist noch gottesdienstlich. Der nächste: *„Lass mich ganz verschwinden / Dich nur sehn und finden!"* – das ist eine einsame Ekstase. *„Wo ich geh', Sitz' und steh', / Lass mich dich erblicken / Und vor dir mich bücken."* Das ist die Konkretheit des praktischen wochentäglichen Lebens mit all seinen Verrichtungen im Licht Gottes. So kann man, am Webstuhl sitzend, Gott schauen.

Die Reihe einander verwandter Bitten entfernt sich also aus der Hoheitsszenerie der liturgischen Feier in der Gemeinschaft der Engel hin ins alltägliche Sitzen und Stehen; aber was wie ein Abflauen wirken könnte, ist in Wirklichkeit

Vertiefung des sonntäglichen Gottesdienstes zum Wunschbild immerwährender Anwesenheit Gottes in der Menschenseele als seinem Heiligtum.

Freilich sind das fast alles biblisch geläufige Vorstellungen, und Tersteegen versäumt nicht, seine Formulierungen, soweit sie eigensinnig scheinen könnten, in Fußnoten biblisch abzusichern. Welche Bilder und Gedanken aber aus dem großen Schatz aktiviert werden, wie und mit welcher Folgerichtigkeit sie aufeinander bezogen werden, ist eigentümlich. Entsprechend konsequent ist auch durch Tersteegen die bei Neander vorbereitete Wendung vom Wir-Lied zum Ich-Lied durchgeführt. Drei Strophen des „Wir" der Gemeinde im Gottesdienst folgen fünf Strophen des „Ich" in der Betrachtung, wobei die vierte Strophe den Übergang von der liturgischen Situation mit der Parallelität der himmlischen und irdischen Chöre in die Stille vollzieht – in die psychische Aneignung Gottes als alles umfassenden, auch die Raumrelationen aufhebenden Lebenselements.

„Gott ist gegenwärtig". Diese schlichte Aussage findet sich in der Bibel so nicht. Freilich spricht die Bibel häufig von der Gegenwart Gottes, aber entweder in Form ereignishafter, das gewohnte Lebensmaß durchstoßender Vergegenwärtigungen, oder aber in staunender, rhetorischen Ausdruck verlangender Wahrnehmung der Allgegenwart, Allweisheit und Allmacht.

Tersteegens *„Gott ist gegenwärtig"* ist weniger und mehr, eine einfache begriffliche Tatsachenfeststellung ohne Ausrufezeichen, das er sonst häufig verwendet, und gerade darin liegt schon und erst recht ein überwältigender Einbruch dessen, was selbstverständlich bis zur Vergessenheit ist, in meine aktuelle Wahrnehmung. Gott ist immer schon da. Und so sinkt das Lied durch die Erhabenheit der liturgisch rezipierten Jesaja-Situation im kirchlichen Gottesdienst hindurch in die Tiefe dessen, was unaufhörlich tragend immer und überall der Fall ist, die Gegenwart Gottes, in der wir unser Leben bis hin zu den banalsten Handlungen führen.

Dass wir uns durch Stille, Hingabe und Sammlung für den Aufgang Gottes in unserem Bewusstsein zubereiten können, nimmt der Demut Tersteegens jeden Anklang von Leisetreterei und Sklavenmoral, den stolze Leute wie etwa Nietzsche dem Christentum vorgehalten haben. In dieser Stille und Unterwerfung herrscht eine Art von Stolz, Gott bis zur Vereinigung nahe sein zu können.

„Ich in dir Du in mir" ist eine mystische Vorstellung der Verschmelzung der Seele mit Gott, und in der Tat läuft eine Traditionslinie der mittelalterlichen Mystik über die Barockmystik zu Tersteegen.

„Ich in dir Du in mir" ist aber auch eine Umkehrformel wechselseitiger Liebe, wie sie für den Geist der Partnerschaftlichkeit etwa in der Liebeslyrik des jungen Goethe charakteristisch ist und wie sie an zentraler Stelle der Hymne *„Ganymed"* für die liebende Wechselumschlingung der Seele mit Gott steht: *„umfangend umfangen"*.

Vielleicht nicht ganz so genial wie Goethe, aber metrisch und im Reim höchst prägnant hat Tersteegen die Kurzzeilen seiner Strophen, jeweils die fünfte Verszeile, zu formelhaften Verdichtungen geführt. Sie bewirkt in der zitierten Wendung ein Einswerden geradezu in Brüderlichkeit. Gewiss ist es kein Zufall, dass der junge Goethe Zugänge zum Pietismus und zur Mystik besaß und auch die gleichen Autoren wie bei Tersteegen dafür namhaft gemacht werden können: der separatistische Pietist Gottfried Arnold und die quietistische Mystikerin Madame Guyon. Goethe ist reicher in den Tönen, aber *einen* Ton hat er mit Tersteegens Liedern gemein.

„Gott ist gegenwärtig". Der Dreiwortsatz von Tersteegens Liedanfang verlangt nach einer Pause, ruft für einen Augenblick Stille hervor, in der mystische Meditation sich ausbreiten könnte. Dieser Stille erst entspringt die Aufforderung *„Lasset uns anbeten".*

Bei Tersteegen zeigt sich in solchen vermeintlich beiläufigen Momenten noch einmal die Kraft der mittelalterlichen Mystik, begrifflich das Unaussprechliche heraufzurufen. Und mystisch paradox und nüchtern zugleich ist auch die mit der fünften Strophe beginnende Auflösung der Raum- und Wahrnehmungsordnung (übrigens auch wieder vergleichbar mit *Ganymed*), die der Erfahrung der Allgegenwart Gottes entspricht: Das Ich will Gott sehen und finden, indem es in ihm verschwindet; es will ihn erblicken, während er innerlich sich in ihm verklärt; das Herz will zugleich in das grundlose Meer Gottes eintauchen und *„überwärts"*, nicht nur aufwärts, schweben wie ein Adler, um in der göttlichen Gegenwart zu leben, in der es doch schon immer ist.

Trotz all dieser Eindringlichkeiten wäre das Lied Tersteegens noch nicht der unermeßliche Schatz, der es durch seine sechste Strophe wird. Sie spricht nicht nur von den zarten Blumen und ihrer Stille; sie ist selber von äußerster Zartheit und Ruhe, ja Zärtlichkeit.

Die Sonne, oft Bild der blendend überwältigenden Majestät Gottes, ist Medium leisester, fast immaterieller göttlicher Berührung des Gesichts. Auch Paul Gerhardt kann in seinen Liedern herzliche Freude an den Naturdingen äußern – *„Geh aus mein Herz und suche Freud"* –, aber sie bleiben dem Menschen streng gegenüber und werden Allegorien einer geistlichen Lehre. Bei Tersteegen ist der Vergleich durchflutet von Einfühlung in den genau gesehenen Naturvorgang. Die willig dem Licht stillhaltende Blume ist nicht nur Metapher der Seele, sie erscheint selbst als beseelt.

Damit ergibt sich auch ein Gegengewicht zur wiederholten, in der Zeit geläufigen, uns heute eher befremdlichen Weltabsage von Tersteegens Lied.

Sie mag vieles ausschließen, was der Christ sehr wohl als Gottesgeschenk irdischer, geschöpflicher Freuden und Aktivitäten zu erleben vermag; aber die stille Intensität der Fühlung von Sonne und Blume lässt doch auf schmalem Feld eine große und schöne Schöpfungsfrömmigkeit aufklingen.

Das Niederschlagen der Augen, zu dem die erste Strophe auffordert, meint nicht Blindheit für das Schöne, sondern Konzentration. Und welche geistlichen Möglichkeiten diese Sprache in aller von Gott erbetenen Einfalt und Innigkeit hat (wer dächte nicht an Matthias Claudius' Aufnahme der Bitte *„Lass uns einfältig werden"* in seinem Abendlied), erweist der Strophenschluss mit seiner paradoxen Gebets-formulierung: „lass mich [...] wirken lassen". Sie fasst die mystischen Anklänge zusammen und sammelt zugleich eines der schwierigsten Glaubensgeheimnisse in großer Klarheit: Noch dass der Mensch die Wirkung Gottes auf sich und in sich zulässt, hat Gott erst zugelassen und veranlasst. Denn in seinem Lichte erkennen wir das Licht.

Luthers Jesaja-Lied als Bibelparaphrase nennt den Namen Christus nicht, evoziert ihn aber durch die Verlegung der Szene in den Chor der christlichen Kirche.

Neander führt das Lob des *„wunderbaren Königs"* in der letzten Strophe seines Liedes auf

Christus hin: „*Halleluja bringe, wer den Herren kennet, wer den Herren Jesum liebet*". Tersteegen nennt Gott dreimal in seinem Lied „*Wesen*", einmal mit dem Beiwort „*majestätisch*", einmal mit dem Beiwort „*nah*". Luther kennt dieses Wort durchaus, aber er wendet es in der Bibelübersetzung meist auf das Wesen des Menschen an; einmal spricht er vom Wesen Gottes, aber nirgends heißt Gott „*Wesen*".

Auch das ist ursprünglich mystischer Sprachgebrauch, später auch aufklärerischer, wie es denn manche Berührungen zwischen Pietismus und Aufklärung gibt.

Gott als Wesen anzusprechen, kann aufklärerisch einer gewissen Verdünnung der Personhaftigkeit dienen, die dem Wort „Gott" innewohnt. Einen spöttischen Nachklang solcher Verdünnung finden wir in Heinrich Bölls Satire *Doktor Murkes gesammeltes Schweigen*, wo ein Rundfunkautor seine restaurative Nachkriegsfrömmigkeit mit dem Wechsel der Zeitmode aufklärerisch zu übertünchen sucht, indem er nachträglich in den Tonbandaufzeichnungen seiner Kulturfunkbeiträge immer da, wo er früher mal „*Gott*" gesagt hatte, die Formel „*jenes höhere Wesen, welches wir verehren*" einsetzt. Tersteegens Anrede Gottes als „*nahes Wesen*" sagt dem Entgegengesetztes. Er kommt ohne Namensnennung Christi und auch ohne Zeichen Christi, wie es Luther gibt, aus. Aber Gott kann nahes Wesen nur in Christus sein. Mit der Wendung in die Intimität, aus der Offenbarung in die Einwohnung, aus der Majestät in die Nähe Gottes ist Christus, die brüderliche Gestalt Gottes, zur Sphäre des Liedes, zur Luft, in der es atmet, geworden. Und das ist vielleicht noch mehr, als wenn er sein Thema wäre.

Damit entfaltet das Substantiv „Wesen" auch eine neue Bedeutungsnuance; seine Begrifflichkeit wird verlebendigt, es gewinnt an Vergegenwärtigungskraft. Wo Gott nah ist, spüren wir seine An-wesenheit, seine Präsenz.

Die Gemeinde lobt Gott, „*wie es war im Anfang, jetzt und immerdar, und von Ewigkeit zu Ewigkeit.*"

Die Kirchenlieddichter und -komponisten loben ihn mit besonderer Vollmacht, weil sie mit der Fülle und Vielschichtigkeit ihrer Ausdrucksmittel Möglichkeiten in uns aufschließen, die Sprache als geläufiges Verständigungsmittel nicht aktiviert.

Wie unsere Kirchenlieder als ein geschichtlicher Schatz uns, indem wir sie singen, in die geschichtsdurchdauernde Kontinuität der Kirche stellen und damit zum lebendigen Bewusstsein der liturgischen Versammlung der Zeiten und Räume unter dem Kreuz beitragen, so manifestieren sie zugleich, dass alle Zeiten und Epochen nicht ausreichen, die Fülle dessen auszuschöpfen, was uns als Evangelium gesagt ist. Jedes große Kirchenlied unserer Tradition bringt eine historische und individuelle Facette des Ganzen zum Aufleuchten, erhellt eine Facette unserer Glaubensmöglichkeiten. Sie sind viel reicher, als die historisch und individuell begrenzten Erfahrungen, die wir unmittelbar machen.

Wir brauchen Mut – auch zu fremden Erfahrungen und Formulierungen, die unsere eigenen wecken und reizen. Wir müssen sie nur wirken lassen – siehe Gerhard Tersteegen[1].

---

[1] Der Text des Tersteegen-Liedes folgt orthographisch und in der Zeichensetzung der Ausgabe Gerhard TERSTEEGEN: *Geistliches Blumengärtlein inniger Seelen mit der frommen Lotterie und einem kurzen Lebenslauf des Verfassers.* 3. Aufl. der Neuen Ausgabe. Stuttgart [17]1988, S. 340-342. Alle anderen Zitate sind der modernen Orthographie angepasst. Zu Luthers Jesaja-Lied siehe Gerhard KAISER: *Augenblicke deutscher Lyrik. Gedichte von Martin Luther bis Paul Celan interpretiert.* Frankfurt a.M. 1987. S. 63-77. Vielfältige Anregungen verdanke ich der literatur- und geistesgeschichtlich orientierten Abhandlung von Hans-Georg KEMPER: Vielsinnige „Blumen" - Lese. Zum literaturhistorischen Standort Gerhard Tersteegens. In: *Pietismus und Neuzeit. Jahrbuch zur Geschichte des neueren Protestantismus* 19 (1993), S. 117-142.

Die Kraft der Mystik

Was wir von Gerhard Tersteegen lernen können
Johannes Rau (Rede zum 300. Geburtstag von
Gerhard Tersteegen 1997 in Moers)

Wir brauchen eine neue Erbaulichkeit; aller-
dings eine, die sich der Welt zuwendet und nicht
aus ihr zu fliehen versucht. Diese Auffassung
vertritt der nordrhein-westfälische Ministerprä-
sident Johannes Rau, in dem er an den Mystiker,
Dichter und Seelsorger Gerhard Tersteegen
erinnert.

Als Gerhard Teerstegen am 25. November 1697
geboren wurde, war die Erinnerung an die
schrecklichen Verwüstungen des Dreißigjähri-
gen Krieges noch lebendig. Er lag damals etwa
so lange zurück, wie das Ende des Zweiten
Weltkrieges vom heutigen Tag. Da galt noch das
Wort von Andreas Gryphius, das ganze Vater-
land verscharre sich in seiner eigenen Asche.
Als zwei Jahre nach Tersteegens Geburt der
Spanische Erbfolgekrieg begann, war diese
Asche noch nicht verstoben, da kam von neuem
ein Morden und Sterben über die Völker in ganz
Europa.

Und wenn Gerhard Tersteegen immer wieder dazu rät, „der Bilder alle zu vergessen", hatte er gewiss die Situation vor Augen und wollte, dass die schrecklichen Bilder, die Ereignisse des Krieges, nicht länger Gewalt über die Köpfe haben.

Ob es eine unzulässige, zu weitreichende Interpretation ist, wenn man sagt, dass seine Absage an die Welt zuerst auch eine Absage an die Welt des Krieges war?

Vielen schmeckt das nicht. Viele stellen Tersteegen als einen verklärten, frommen Beter dar, als einen Stundenbruder, der von der Welt nichts wissen, der das irdische Jammertal überwinden will und seinen Blick allein auf das himmlische Jerusalem gerichtet habe. Das stimmt sicher auch, aber es stimmt nicht ganz. Gerhard Tersteegen war Seidenbandwirker. Wer in einem zeitgenössischen Lebenslauf nachliest, erfährt: Er und seine Mitarbeiter arbeiteten von 6 bis 11 Uhr, „hierauf sonderten sie sich ein Stündlein ab, um dem Gebet zu obliegen", und von 13 bis 18 Uhr setzten sie die Arbeit fort und

„verwendeten" abermals ein Stündchen zur Absonderung und zum Gebet. Das muss schon ein seltsamer Vogel sein, dieser „Heilige des Protestantismus". Wie wir uns seinen Abend vorzustellen haben, schildert er in dem Lied „Der Abend kommt, die Sonne sich verdecket":

„Da nun der Leib sein Tagewerk vollendet,
mein Geist sich auch zu seinem Werke wendet,
zu beten an, zu lieben inniglich,
im stillen Grund, mein Gott, zu schauen dich."

Abends studierte und übersetzte Tersteegen erbauliche Bücher, nicht nur das „Handbüchlein der wahren Gottseligkeit". Er schrieb auch Biographien von großen Christen, die allesamt katholisch waren; vierundzwanzig an der Zahl. Und er dichtete:

„Die Dunkelheit ist da und alles schweiget;
mein Geist vor dir, o Majestät sich beuget.
Ins Heiligtum, ins Dunkle kehr ich ein;
Herr, rede du, lass mich ganz stille sein."

111 Lieder sind von ihm überliefert. Wir besitzen kein Bild, aber wir können uns ein verlässliches Porträt von ihm machen.

Er wird als siebtes von acht Kindern in Moers geboren, besucht dort etwa zehn Jahre lang das Adolfinum, die damalige Lateinschule. In einer Zeit, in der der Religionsunterricht und die alten Sprachen, die gar keine toten Sprachen sind, zunehmend in Frage gestellt werden, ist es interessant zu sehen, wie der Schulalltag dieses Mannes vor dreihundert Jahren aussah. Der Unterricht bestand im wesentlichen aus Griechisch, Hebräisch, Latein und vier Stunden Heidelberger Katechismus! Auch die französische Sprache lernte er in der Schule.

Als Sechzehnjähriger geht er nach Mülheim zu einem Schwager in die Kaufmannslehre. Da macht er die Erfahrung, dass Lehrjahre keine Herrenjahre sind.

Er wechselt den Beruf und wird Weber, Seidenbandweber, Bandwirker, wie es damals hieß. Er macht die Bekanntschaft Erweckter, die ihm die Schriften der Mystiker nahebringen, französischer, spanischer und niederländischer Mystiker, auch Thomas von Kempen. Er ist davon so beeindruckt, dass er das Gelesene ins Deutsche übersetzt.

Und dann kommt das Jahr 1724, dieser rätselhafte Gründonnerstag, an dem er sich mit seinem eigenen Blut dem „Heiland und Bräutigam verschreibt". Das ist so unendlich fremd, das kann man auch nicht durch nähere Interpretation gewissermaßen zur Zeitgenossenschaft bringen. Aber das Bild sei erlaubt: Unserer Zeit fehlt es an Menschen, die Briefe noch mit Herzblut schreiben, die etwas mit Herzblut tun.

Vier Jahre später, 1728, steht Tersteegen am Ende seiner bürgerlichen Karriere. Er ist 31 Jahre alt. Er gibt seinen Beruf auf und lebt bis zu seinem Tod, also vier Jahrzehnte lang, seinen Glauben mit all der Inbrunst, die seine schwache Gesundheit erlaubt.

In seinem ganzen Leben steigt er nur einmal auf die Kanzel, und das bei den Mennoniten in Krefeld. Denn den Pastoren passt dieser seltsame Wanderprediger nicht. Sie verweigern ihm die Kanzel.

Er legt das Wort der Bibel aus in Scheunen, Schuppen und schummrigen Ställen. Die Pastoren beschweren sich beim Konsistorium über ihn. Sie wollen ihn loswerden.

Aber das Konsistorium hat an seiner Lehre nichts auszusetzen. Und er selbst hält an der Landeskirche fest. Er sieht im Separatismus keine Alternative. Da wirkt es wie ein spätes Zeichen des Respekts, dass sein Gemeindepastor ihm schließlich die Trauerrede hält.

Tersteegen erzählt im „Kurzen Bericht über die Mystik" wie wir uns sein Leben vorstellen können: „Mystiker reden wenig, sie tun und leiden vieles, sie verleugnen alles, sie beten ohne Unterlass, der geheime Umgang mit Gott ist ihr ganzes Geheimnis." Solche Sätze haben mit dazu beigetragen, dass viele Tersteegen in die Ecke „So ich ihn nur hab, wenn er mein nur ist" gestellt haben. Sie tun so, als wäre ihm die Welt und ihr Schicksal gleichgültig gewesen. Man hat bisweilen den Eindruck, als wollten viele seiner Verehrer sein „Irdisch noch" nicht wahrhaben, als hörten und sähen sie allein auf das „Schon himmlisch sein".

Wenn ich sein Leben und wenn ich seine Lieder richtig versteh, gehörte er nicht zu denen, die weltabgewandte Schwärmer sind. Im Gegenteil, er konnte sich an der Welt und an ihren Gaben erfreuen.

Man muss die Strophen lesen:

„Der Abend kommt, die Sonne sich verdecket,
und alles sich zur Ruh und Stille strecket...
der Wandersmann legt sich ermüdet nieder,
das Vöglein fliegt zu seinem Neste wieder,
das Schäflein kehrt in seine Hürde ein:
lass mich in dich mein Gott gekehret sein."

Mich erinnert das an Paul Gerhards „hochbegabte Nachtigall" und „Unverdrossne Bienenschar". Es ist gut, dass wir heute wieder daran erinnert werden, dass die Mystik den Menschen nicht aus der Welt herausreißt, nicht im Schweigen ihre Erfüllung findet, sondern im Tun. Daran erinnern Dorothee Sölle und Jörg Zink mit ihren neuen Büchern über die Mystik: Die Abkehr von Vergnügen und Zerstreuen steht im Dienst der Konzentration auf ein Leben, das dem Mitmenschen zugewandt ist.

Nach Gebet und Kontemplation sind die Mystiker mit neuer Kraft zurückgekommen in die Welt, und mit innerer Freiheit. Häufig sind es gerade Mystiker gewesen, die sich einem sozialen Leben zugewandt haben. Eberhard Jüngel hat einmal gesagt, die Antwort des Heiligen Geistes auf die Gebete der Menschen laute „Hiergeblieben".

Dieses „Hiergeblieben" hat auch der Institution Kirche oft nicht gepasst. Der Staat und die Kirche haben ihre Mystiker vielfach verfolgt.

Johannes vom Kreuz verbrachte Jahre im Gefängnis der Inquisition. Meister Eckart ist seiner Verurteilung nur dadurch entgangen, dass er vorher starb. Über Martin Luther, von dem wir wissen, dass er mehrere Stunden am Tag betete, wurden der Bann und die Reichsacht gelegt.

Wir brauchen eine neue Erbaulichkeit. Wir müssen zurückfinden zum „Ora et labora". Zum Bete und zum Arbeite. Luther hat das so übersetzt: Man soll beten, als ob das Arbeiten nichts nützt und arbeiten, als ob das Beten nichts nützt. Hier ist keine Erbaulichkeit gefragt, die sich der Gesellschaft versagt, sondern zuwendet. Hier ist die ausgestreckte, die helfende Hand gemeint.

Daran erinnert auch Gerhard Tersteegen: Seine Predigten richteten die Menschen auf; die Zahl seiner Briefe geht in die Tausende. Aus ihnen spricht Trost und bleibend Tröstliches.

Er besuchte auf vielen Reisen die Menschen, und er wurde zu Hause in seiner „Pilgerhütte" von ihnen besucht; er ermutigte Zweifelnde, und er stärkte Zaghafte; er verteilte Heilmittel an Bedürftigte; Heilmittel, die er eigens mixte und braute, weil er – selber ein Kranker – um den Wert der Gesundheit wusste.

Einer seiner Schüler schreibt über seinen Alltag: „Tagtäglich wälzte sich eine Flut von Rat- und Hilfesuchenden zu seiner Wohnung. Oft war er von mehr als dreißig bekümmerten Seelen auf einmal umringt."

Albrecht Goes hat Tersteegens Stimme einmal die „Vox spiritualis" des Kirchenliedes genannt. Und ich gestehe: Viele seiner Lieder sind mir schrecklich fremd. Aber einige davon sind mir lieber als alle anderen.

Für mich hat die Kraft der Lyrik Tersteegens die gleiche Intensität wie die Goethes oder Eichendorffs:

„Man muss wie Pilger wandeln, frei, bloß und wahrlich leer..." Da spricht einer über die Zeiten zu mir. „... viel sammeln, halten, handeln macht unsern Gang nur schwer ..." Da habe ich das Gefühl, als stünde er in diesem Moment neben mir.

„Wer will, der trägt sich tot!
Wir reisen abgeschieden,
mit wenigem zufrieden;
wir brauchen's nur zur Not."
Einige Lieder Tersteegens, dieses begnadeten
Dichters, sind Gebrauchslyrik im besten Sinne:
„Nun schläfet man,
und wer nicht schlafen kann,
der bete mit mir an
den großen Namen,
dem Tag und Nacht
wird von der Himmelswacht
Preis, Lob und Ehr gebracht,
O Jesu, Amen!"
Wem diese Worte in den Sinn kommen, nachts,
wenn einen die Sorgen nicht loslassen um die
Welt, um die Familie, um das eigene Leben;
wenn einem die Schmerzen befallen, der erfährt
bezwingende Innigkeit und unsentimentalen
Trost.
Da verliert die Unruhe ihr dunkles Gesicht. Da
wird man ruhiger und spricht mit:
„Herr, rede du allein
beim tiefsten Stillesein
zu mir im Dunkeln."

Wer so spricht, stiehlt sich nicht davon, will nicht mit frommen Augenschlag ins Elysium, sondern sagt: Mein Bezugspunkt liegt außerhalb dieser Welt; der, dem ich mich verdanke, bei dem ist mein Leben gut aufgehoben, und der holt mich einmal wieder zurück!

Ein solches Gedicht ist auch ein programmatischer „Weckruf" an die Zeit und an die Amtskirche. Man sollte daran erinnern. Tersteegen hat nicht den Schlaf der Gerechten geschlafen.

Albrecht Goes berichtet, dass russische Soldaten 1812 am Niederrhein nach Tersteegens Grab gefragt haben sollen.

Sein Gedicht: „Ich bete an die Macht der Liebe" hat durch die Vertonung eines russischen Komponisten die Menschen weit östlich vom Entstehungsort ergriffen, bevor es Friedrich Wilhelm III. zum „Abendgebet des preußischen Heeres" machte und es zum großen Zapfenstreich wurde.

Das Lied „Gott ist gegenwärtig" endet mit den Zeilen:

„Wo ich geh, sitz und steh,
lass mich dich erblicken
und vor dir mich bücken."

Auch das ist nicht weltfremd. Übersetzt hat es in diesen Tagen Richard Schröder. Er hat einmal gesagt, ein Christ bücke sich in seinem Leben nur vor Gott und dann nie wieder vor einem Menschen, aber immer für einen Menschen. Darin bestehe die Freiheit eines Christenmenschen.

Bei Jesaja heißt es: „Wer glaubt, der flieht nicht!" Übersetzt und übertragen auf Gerhard Tersteegen könnte man sagen: Der Mystiker verschließt die Augen, aber er verschließt sich nicht vor den Aufgaben der Zeit und nicht vor den Zuständen der Welt. Er faltet die Hände. Aber er tut das, um sie danach für seine Mitmenschen zu öffnen.

Das ist Gerhard Tersteegen.

Und in diesem Sinne sind Tersteegens Lieder nur scheinbar unscheinbare Gegenstücke zur „Marseillaise der Reformation", wie Heine Luthers Lied „Ein feste Burg ist unser Gott" einmal genannt hat. Wer Tersteegen liest, holt sich Kraft für die Aufgaben in dieser Welt.

Quelle: EVKOMM 3/98

Gerhard Kaiser wurde am 2. 9. 1927 in Tannroda bei Weimar geboren. 1946 machte er Abitur in Weimar und begann eine Ausbildung als Schauspieler, Regisseur und Dramaturg, Es folgte eine journalistische Tätigkeit und 1949 Studium der Germanistik, Geschichte, Philosophie an der Humboldt-Universität Berlin. Aufnahme in den Wissenschaftlichen Nachwuchs der Germanistik in der DDR. Theaterkritiker der BZ (Berliner Zeitung am Abend).

1950 heiratete er die Diplom-Bibliothekarin Ingeborg geb. Schubart. Weihnachten Weggang aus der DDR als politischer Flüchtling.

1951 Weiterstudium an der Ludwig-Maximilians-Universität München. Deutsch, Geschichte, Geographie. Stipendiat der „Studienstiftung des Deutschen Volkes" und 1954 Staatsexamen für das Höhere Lehramt. 1956 Assessorexamen, Promotion in Geschichte bei Franz Schnabel.

1957 Assistent bei dem Germanisten Friedrich Wilhelm Wentzlaff-Eggebert an der Johannes-Gutenberg-Universität Mainz. 1962 Habilitation, 1963 Ordinarius für Neuere deutsche Literaturgeschichte an der Universität des Saarlandes, Saarbrücken, 1966 Ordinarius an der Albert-Ludwig-Universität Freiburg i.Br..

Gastprofessuren an der Hebrew-University Jerusalem und nach der Wende an der Martin-Luther-Universität Halle-Wittenberg.

1975 o. Mitglied der Heidelberger Akademie der Wissenschaften. 1982 Ehrengabe des Kantons Zürich für „Gottfried Keller - Das gedichtete Leben".

1990 vorzeitiger Ruhestand. Ehrendoktor der Universität Liège anlässlich des 100jährigen Jubiläums der Philosophischen Fakultät.

1993 korr. Mitglied der Sächsischen Akademie der Wissenschaften in Leipzig.

1995 Ehrendoktor der Evangelisch-theologischen Fakultät der Eberhard-Karls-Universität Tübingen. 2000 Goldene Medaille der Internationalen Goethe-Gesellschaft Weimar, 2004/05 im Wintersemester Stiftungsprofessur der Freiwilligen Akademischen Gesellschaft Basel auf Einladung der Theologischen Fakultät Basel.

2012 am 2. August, kurz vor Vollendung des 85. Lebensjahres, nach langer schwerer Krankheit verstorben in Freiburg.

Quelle: www.ub.uni-freiburg.de